I0080413

L^{27}_n
2871L.

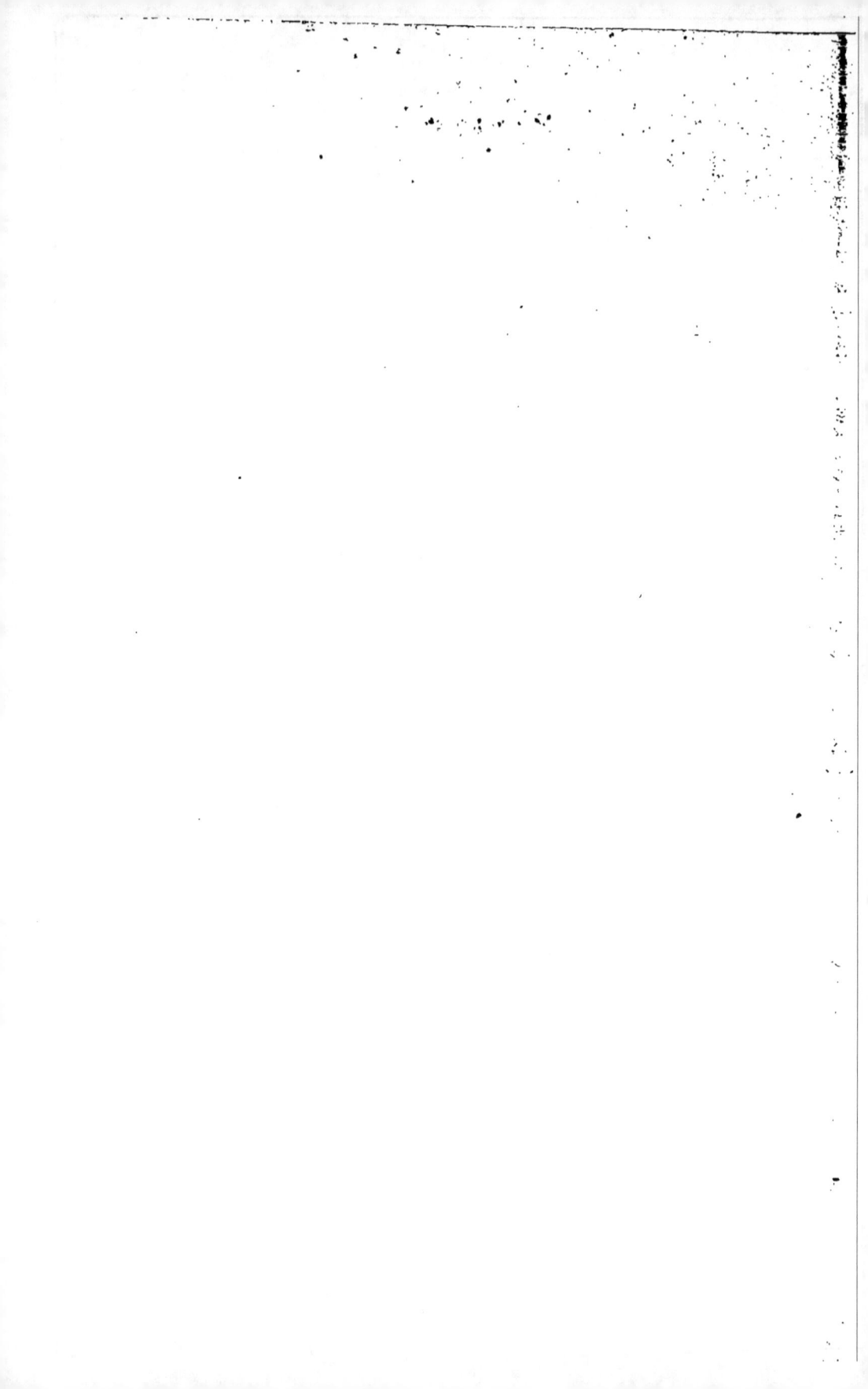

NOTICE

SŒUR MARIE-GABRIEL

Lyon. — Imprimerie de J. B. Pélagaud.

NOTICE

SUR

SOEUR MARIE-GABRIEL

Religieuse de Saint-Joseph

 ## AU CHEYLARD

(Ardèche)

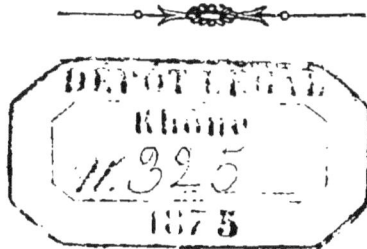

LYON

IMPRIMERIE DE J. B. PÉLAGAUD

Rue Sala, 58.

—

1875.

Bibliothèque

APPROBATION

DE

Mgr l'Evêque de Viviers.

Nous permettons volontiers à la Communauté des Religieuses de Saint-Joseph du Cheylard de faire imprimer la *Biographie de Sœur Marie-Gabriel*, et Nous en recommandons instamment la lecture comme devant être très-utile aux Religieuses de cette communauté.

Viviers, 18 Mai 1875.

† LOUIS,
Évêque de Viviers

ÉVÊCHÉ DE PÉRIGUEUX

Périgueux, le 27 Avril 1875.

MA TRÈS-HONORÉE MÈRE EN N.-S.

J'ai lu, de la première à la dernière ligne, la notice manuscrite sur *Sœur Marie-Gabriel*. Cette lecture m'a véritablement charmé. Autant qu'il m'a été donné de connaître cet ange terrestre que la mort vous a trop tôt ravi, je crois que le pieux auteur a peint sa douce et aimable figure avec vérité, sans nulle exagération, sous les couleurs les plus naturelles. Avec cette fidèle peinture vivra la mémoire de votre fervente Maîtresse des Novices ; elle vivra pour répandre sans cesse au sein du Noviciat, au sein de la Congrégation tout entière, les parfums de la plus exquise perfection.

Veuillez agréer, ma très-honorée Mère en N.-S., l'assurance de mes sentiments respectueux.

† N. JOSEPH,

Evêque de Périgueux et de Sarlat.

ÉVÊCHÉ DE CONSTANTINE ET D'HIPPONE

Constantine, le 1ᵉʳ Mars 1875.

Ma très-honorée Mère,

Vous avez eu une excellente pensée de publier une *Notice sur Sœur Marie-Gabriel*, qui vous a été si prématurément enlevée.

Plus cette fleur virginale a tenu à rester cachée pendant sa vie mortelle, plus vous devez vous-même, pour l'édification des âmes qui vous sont confiées, manifester après sa mort les vertus religieuses qu'elle a laissées comme un précieux héritage à sa communauté.

Elle les a pratiquées presque toujours sous le poids de l'épreuve ; et ce n'est pas sans un dessein particulier de la Providence. Saint Augustin, ce grand maître de la vie spirituelle, nous explique cette mystérieuse conduite du Père céleste à l'égard surtout de ceux de ses enfants qu'il aime le plus.

« Les âmes saintes, dit le saint Evêque d'Hippone.
« sont des vases à parfums : si Dieu les presse, les
« agite et les brise par le sacrifice et la tribulation.

« c'est pour augmenter et répandre davantage la
« bonne odeur de vie qu'ils contiennent. »

Les pages édifiantes destinées à conserver le souvenir de votre si regrettée Maîtresse des Novices la mon-
trent bien telle qu'elle a vécu : simple, humble, modeste,
esclave de sa règle et de son devoir, ne voyant en tout
et partout que Dieu, à qui elle rapportait toutes les
pensées et les actions de sa vie.

Je ne saurais vous dire le bien que m'a fait la lecture
de cette notice biographique. En présence de ces vertus
si complètes et si pures, on se sent l'âme comme ra-
fraîchie et consolée des tristesses du temps présent.

Je ne doute pas qu'à la vue de ce modèle que vos
chères filles pourront toujours contempler et méditer,
elles ne se sentent excitées à marcher avec un nouvel
élan dans les voies de la perfection religieuse.

Ainsi, notre *Sœur Marie-Gabriel* continuera du haut
du ciel sa mission de zèle et de dévouement pour sa
chère Communauté de Saint-Joseph.

Veuillez recevoir, ma très-honorée Mère, avec l'assurance de mes sentiments dévoués en N.-S., mes
meilleures bénédictions, pour ce mois consacré à votre
bienheureux père.

† LOUIS,

Evêque de Constantine et d'Hippone.

MES CHÈRES SOEURS.

Il est des âmes saintes et pures qui répandent autour d'elles la bonne odeur de Jésus-Christ, et dont la vie, quoique cachée, est ornée des plus belles vertus. Ennemies d'un monde qu'elles méprisent, uniquement jalouses de plaire à l'Epoux Céleste, elles renoncent à toutes les espérances de la terre pour ne s'attacher qu'aux biens du Ciel. Tout ce qui passe avec le temps est indigne d'elles : servir le Seigneur avec une ferveur toujours croissante, tendre sans relâche à la perfection par la voie du renoncement et du sacrifice, amasser chaque jour pour le siècle futur d'impérissables richesses, voilà toute leur ambition. C'est de tout leur cœur qu'elles disent avec le Prophète : Que peut-il y avoir pour moi dans le Ciel, et que puis-je désirer sur la terre si ce n'est vous, ô mon Dieu, qui êtes le Dieu de mon cœur et mon héritage éternel ?

Notre chère Sœur Marie-Gabriel était du nombre de ces âmes privilégiées. Cette digne fille de Saint-Joseph, dont nous regrettons si justement la perte, n'a passé que 12 ans parmi nous ; mais dans ce court intervalle, que de mérites acquis ! que de victoires remportées ! que de grâces obtenues ! Semblable au juste mourant à la fleur de l'âge, elle a, selon le langage de nos saints livres, parcouru en peu de temps une longue carrière, et ses jours, quoique peu nombreux, ont été pleins. Mourir à elle-même afin de ne vivre qu'à Dieu et pour Dieu, tel est le résumé fidèle de sa vie.

De là ce parfait détachement du monde et de ses faux biens ; de là cet attrait particulier pour la vie cachée, cette application continuelle à crucifier la nature, à étouffer ces sentiments secrets de vanité, qui sont d'autant plus difficiles à vaincre qu'on se les déguise souvent à soi-même ; de là cette obéissance poussée quelquefois jusqu'au scrupule ; de là enfin cette fidélité à la règle qui la faisait regarder elle-même comme une règle vivante.

Vous savez quel était son esprit de pauvreté et jusqu'où allait son mépris des choses d'ici-bas. Vous n'ignorez pas davantage avec quel soin elle s'appliquait à former aux vertus religieuses les Novices confiées à sa vigilance. Telle était sa délicatesse de conscience en ce qui touchait à l'exercice de sa charge, qu'elle croyait n'avoir satisfait qu'imparfaitement à son devoir, alors même qu'elle avait épuisé toutes les ressources de son zèle. Cette tâche, si rude et si difficile, elle l'a remplie jusqu'au bout avec un dévouement sans bornes et sans compter jamais avec la fatigue et le travail. Est-il besoin d'ajouter qu'elle exprimait fidèlement par ses actions ce qu'elle enseignait par ses paroles, persuadée avec raison que ceux qui disent et ne font pas se condamnent eux-mêmes bien loin de sanctifier les autres.

Disons-le hautement aujourd'hui, et sans craindre d'alarmer sa modestie désormais hors d'atteinte, Sœur Marie-Gabriel était une lampe précieuse qui éclairait la communauté tout entière par le feu de sa charité et la lumière de ses bons exemples. C'était un vase d'honneur qui ornait la maison de Dieu, mais qui cachait soigneusement son parfum ; une perle rare et du plus haut prix, mais qui se dérobait à tous les regards.

Ce qui caractérisait surtout sa piété, c'était une humble estime d'elle-même qui la portait à rechercher sans cesse l'oubli et le mépris. Elle semblait avoir pris pour devise cette belle sentence de l'*Imitation de Jésus-Christ* qui devrait être gravée dans tous les cœurs en lettres d'or : Aimez à être inconnu et à n'être compté pour rien.

Mais quel a été le dessein de la Providence en

vous donnant une compagne d'une vertu si éminente? N'en doutez pas, mes Sœurs, c'est un modèle que sa bonté infinie a voulu proposer à notre imitation : c'est un flambeau qui a été placé sur notre route pour que nous marchions à sa lumière. Voilà pourquoi nous avons cru devoir, dans ces quelques pages, rappeler à votre souvenir les principales circonstances de la vie de notre chère Sœur. Nous avons la confiance que vous ferez bon accueil à cet humble écrit; vous l'accepterez comme un gage précieux de l'affection qu'elle vous portait; c'est elle que vous entendrez, c'est elle qui vous parlera. Du haut du céleste séjour, où elle goûte un bonheur sans mélange, elle nous appelle et nous invite à marcher sur ses traces. Puissions-nous, à son exemple, fuir le monde et en mépriser les vanités ; puissions-nous embrasser avec joie la peine, le travail, porter généreusement la Croix, nous dépouiller de tout sentiment d'amour-propre, pour nous revêtir de Jésus-Christ. Puissions-nous enfin, par l'innocence de notre vie, reproduire la pureté de la sienne, et nous préparer ainsi dans la véritable patrie une glorieuse et immortelle couronne!

V. J. M. J.

=

NOTICE

SUR

SŒUR MARIE-GABRIEL

Marie - Louise - Pauline Ferrand naquit au Cheylard (Ardèche), le 14 janvier 1835, d'une famille honorable et éminemment chrétienne. Son père était notaire. Par l'étendue de ses connaissances et son exacte probité dans l'exercice de ses fonctions, il s'était attiré l'estime et le respect de tous. Prévenue de bonne heure des bénédictions de la grâce, cette enfant se fit remarquer dès ses plus tendres années par une piété au-dessus de son âge, un extrême éloignement pour les moindres fautes et surtout par une affectueuse dévotion à la très-sainte Vierge. Elle ne fut pas moins favorisée du côté de la nature : un jugement droit, un caractère ferme, une conception prompte, un cœur sensible et généreux ; et, ce qui est plus rare encore, une modestie singulière qui relevait admirablement, en les cachant, tous ces avantages; tels furent les dons précieux dont elle fut enrichie. Naturellement sérieuse, elle évitait de se livrer à des jeux bruyants; et, tout en prenant gaiement sa récréation, elle savait garder au milieu de ses petites compagnes un air de gravité et de dignité qui ne l'abandonnait jamais.

Une excellente éducation vint ajouter encore à ces heureuses qualités en développant dans ce jeune cœur le germe fécond des vertus véritables. Par un bonheur qu'on ne saurait trop apprécier, elle reçut de ses pieux parents ses premiers principes de foi et de religion qui, inculqués dès le bas âge, se gravent profondément dans la mémoire de l'enfant, en même temps qu'ils le dirigent avec force et douceur dans la pratique du bien. Qui sait même si ces saintes leçons puisées au sein maternel ne préparèrent pas de loin sa vocation à la vie religieuse?

Pauline fut d'abord confiée aux Sœurs de Saint-Joseph du Cheylard pour apprendre, sous leur direction, les éléments de la grammaire. Celles-ci ne se bornèrent pas, comme il arrive si souvent aujourd'hui, à donner à leur élève une connaissance sèche et aride de l'orthographe et de l'arithmétique; mais persuadées avec raison qu'on éclaire en vain l'esprit, si on ne forme en même temps le cœur, elles s'attachèrent principalement à lui inspirer la crainte de Dieu, l'amour de la vertu, l'horreur du péché, le mépris de tout ce qui passe, lui faisant envisager la récompense éternelle comme l'unique terme de nos espérances et de nos travaux sur la terre. La suite fera voir que ces dignes Maîtresses ne travaillèrent pas en vain ; car cette enfant, aussi pieuse que docile, devait, quelques années plus tard, par une disposition spéciale de la Providence, entrer dans leur Communauté pour en devenir le modèle.

Dès que Pauline fut en âge de faire sa première communion, elle s'y disposa avec le plus grand soin. Douée d'une intelligence précoce, nourrie d'ailleurs dès sa plus tendre enfance du lait de la pure doctrine, elle n'eut pas de peine à comprendre toute la grandeur de cette action qui exerce une influence si décisive sur tout le reste de la vie. Aussi apporta-t-elle à la table sainte une foi, une ferveur, un recueillement qui furent pour elle la source des grâces les plus abondantes. Ce fut le 7 mai 1846 qu'elle eut le bonheur de se nourrir pour la première fois du pain des Anges et de goûter combien le Seigneur est doux.

Heureuse la jeune personne qui, dans ce jour le plus beau de sa vie, prête une oreille attentive aux leçons du divin Maître ! elle ne marchera pas, dit l'Ecriture, dans les voies de l'iniquité ; mais, semblable à un arbre planté proche le courant des eaux, elle donnera son fruit dans son temps, et toutes ses entreprises seront couronnées de succès.

Cette parole s'est exactement vérifiée pour Mademoiselle Ferrand. A partir de cette époque mémorable, on remarqua qu'elle s'était fait un devoir de ne jamais omettre ses exercices religieux , sous quelque prétexte que ce fût : résolution généreuse qui révélait déjà dans cette enfant de onze ans une vertu forte et solide.

Elle fut ensuite placée en qualité de pensionnaire chez les Dames du Sacré-Cœur, à Annonay, afin d'y terminer son éducation. Rappelée un an après par ses parents, elle ne quitta plus la maison paternelle jusqu'à son entrée en religion.

La liberté que trouve ordinairement la jeune personne au sein de sa famille , les dangers qui en sont la suite inévitable ne deviennent que trop souvent l'écueil de son innocence. Il est bien difficile, en effet, à quiconque vit au milieu de la corruption du monde , de conserver son cœur parfaitement pur et de ne pas essuyer parfois de violentes tempêtes sur une mer si féconde en naufrages. De là ce terrible anathème lancé par Jésus-Christ : Malheur au monde à cause de ses scandales ! Notre chère enfant eut donc à se prémunir contre les ruses de cet ennemi. Ses armes furent la prière et la fuite des occasions. Jalouse avant tout de fixer l'inconstance de sa volonté, elle se traça, de concert avec son confesseur, un règlement qui , en déterminant avec précision ses devoirs , lui fournit en même temps les moyens et la facilité pour les remplir.

On nous permettra, dans l'intérêt de la piété
des jeunes personnes qui liront ces pages, de citer
les points relatifs à ses pieuses pratiques. Elles y
reconnaîtront sans peine cet esprit de foi qui doit
présider à tous les actes de la vie chrétienne. Peut-
être même se sentiront-elles, à la vue de l'exemple
touchant de leur compagne, portées à l'imiter et
à travailler avec ardeur au grand ouvrage de leur
sanctification.

« Après mon lever, fixé à six heures et sans sor-
« tir de ma chambre, je ferai une demi-heure
« de méditation, selon la méthode enseignée par
« mon confesseur.

« J'assisterai chaque jour au saint sacrifice de la
« Messe avec toute la dévotion dont je serai ca-
« pable. Le reste de la matinée sera consacré soit
« à visiter les pauvres, soit à vaquer aux divers
« travaux de la maison.

« Dans l'après-midi, je ne manquerai pas de
« faire une visite au Saint-Sacrement.

« Je réciterai tous les jours le chapelet ; après
« la prière du soir faite en famille, je ferai mon exa-
« men de conscience ; et, me mettant au lit, je
« tâcherai de m'endormir en pensant à la mort ou
« au sujet de la méditation du lendemain.

« Dieu sera mon tout : Jésus-Christ mon mo-
« dèle, Marie mon refuge. Je me regarderai moi-
« même comme une victime toujours prête au sa-
« crifice et à l'immolation. »

Est-il rien de plus édifiant qu'un pareil langage ?
Et qu'on le remarque bien, c'est le langage d'une
jeune fille de quinze ans qui se trouve en face de
ses passions naissantes et du monde qui commence
à lui sourire. Grâce à une fidélité qu'on ne vit jamais se démentir, à une vigilance continuelle sur
elle-même, Pauline écarta heureusement tous
les dangers que pouvait courir sa vertu. Elle fut
dans sa famille ce qu'elle devait être plus tard dans
le couvent, c'est-à-dire, un modèle de ferveur
comme de régularité. Partager son temps entre la
prière et le travail, vaquer aux divers soins domestiques sous la direction de son excellente mère,
exercer la charité envers les pauvres, combattre
par la mortification les penchants vicieux de la
nature, voilà quelle était la vie de cette future
épouse de Jésus-Christ.

Du reste, hâtons-nous de le dire, sa piété trouvait dans les exemples de Monsieur et de Madame
Ferrand les plus précieux encouragements : bien
loin de s'opposer à ses saints exercices, ils les fa-
vorisaient au contraire de tout leur pouvoir, con-
vaincus qu'ils étaient que la gloire des parents
chrétiens est d'avoir des enfants vertueux.

Une âme si pure n'était pas faite pour le monde.
Sa candeur pleine d'innocence n'eût rien compris
à coup sûr aux vains artifices de la sagesse du siècle si hautement réprouvée par la foi autant que
par la droite raison. Depuis longtemps déjà l'étoile

de la vocation religieuse avait brillé aux yeux de Mademoiselle Ferrand ; mais tel est le cœur humain qu'il a quelquefois des attaches sans le savoir. Il est bien rare que nous nous connaissions parfaitement nous-mêmes, et quand nous pensons être libres, c'est alors que nous nous sentons retenus par des chaînes dont nous ne soupçonnions pas même l'existence. C'est ce qui arriva à Pauline et lui occasionna de violents combats, ainsi que nous allons voir.

L'état religieux, bien loin d'avoir des charmes pour son cœur, était au contraire l'objet de ses plus vives répugnances. Dans les moments où la grâce la sollicitait avec plus d'instance, elle était ingénieuse à opposer mille prétextes qui, grossis par son imagination, lui paraissaient des obstacles insurmontables. Vivre au milieu des siens, se disait-elle, goûter les plaisirs si doux de la famille, observer fidèlement la loi de Dieu, faire les bonnes œuvres que comporte son état, n'est-ce pas suffisant pour le salut ? Pourquoi s'imposer de plus lourds sacrifices ? Dieu est-il donc si exigeant ? Telle était la barrière qu'elle mettait entre elle et Jésus-Christ : barrière si haute qu'elle ne croyait pas pouvoir la franchir. Plus d'une fois elle pria le divin Maître d'éloigner à jamais ce calice amer, se jugeant incapable de le boire.

Dans d'autres circonstances, elle était combattue par des pensées toutes contraires. La vie reli-

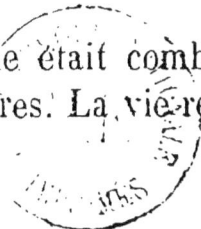

gieuse lui apparaissait avec toute son excellence ;
elle s'y sentait entraînée comme malgré elle. Dé-
plorant alors son peu de générosité, qu'elle se
reprochait comme un crime, elle versait d'abondantes larmes et protestait à Dieu que son unique
désir était d'accomplir son adorable volonté, du
moment qu'elle lui serait connue.

Mademoiselle Pauline était dans ces incertitu-
des, quand Celui qui dirige tout à ses fins avec
autant de force que de douceur, vint y mettre un
terme. La santé faible et chancelante de Mademoiselle Léonie, sa sœur aînée, fut le moyen employé
par la Providence pour achever de rompre ses dernières attaches. Un jour que Pauline suppliait le
céleste Médecin de guérir la chère malade, la pensée lui vint de s'offrir à sa place en sacrifice. Une
prière si généreuse fut exaucée. Mademoiselle Léonie recouvra ses forces d'une manière complète, et
toute la famille eut la satisfaction de la voir réali-
ser plus tard les vues d'établissement qu'on avait
sur elle.

Se regardant dès lors comme liée par sa promesse, notre chère enfant se mit en devoir de
l'exécuter. Toutefois, des raisons de convenance
l'obligèrent à différer encore. Mais ce délai, bien
loin de ralentir son ardeur pour le couvent, ne fit
que l'augmenter. On la vit redoubler de ferveur
dans ses exercices de piété, multiplier ses aumô-
nes, se livrer secrètement à certaines pratiques de

pénitence ; et , comme pour faire l'essai du genre de vie qu'elle se disposait à embrasser , elle voulut se contenter chaque matin du déjeuner des domestiques de la maison. Enfin elle s'ouvrit de son dessein à ses parents. Ceux-ci ne virent d'abord dans ce projet que l'effet d'une ferveur passagère qui s'évanouirait avec le temps ; sans le combattre directement , ils répondirent qu'il fallait surseoir et ne se décider dans une affaire de cette importance qu'après avoir mûrement réfléchi. Pauline, pleine de respect et de soumission, attendit et continua de prier.

Cependant la grâce poursuivait son œuvre dans cette âme privilégiée. Eclairée de la lumière d'en haut, qui lui découvrait les inestimables trésors promis à ceux qui quittent tout pour Jésus-Christ, elle soupirait sans cesse après le moment où , dégagée des liens qui la retenaient encore, elle pourrait, comme la colombe, prendre son vol vers l'asile du bonheur et de la paix. Ce qu'elle appréhendait le plus , c'était de ne pas répondre assez tôt à l'appel du ciel ; de là des peines intérieures qui la firent cruellement souffrir. Enfin elle fit de nouvelles instances auprès de Monsieur et de Madame Ferrand qui, craignant de s'opposer à la volonté de Dieu clairement manifestée par un attrait si constant, donnèrent le consentement depuis si longtemps désiré.

Dire toute la joie de cette pieuse enfant, serait

chose difficile. Il ne s'agissait plus que du choix de la Communauté où elle entrerait. Ici, comme dans tout le reste, elle ne voulut se conduire que par les motifs les plus purs. Se souvenant en effet qu'elle avait promis de s'immoler dans l'obscurité et la pauvreté, elle préféra l'humble Institut de Saint-Joseph où l'on fait spéciale- ment profession d'imiter la vie pauvre, cachée et laborieuse de cet auguste Epoux de la Reine des Vierges. Vivre parmi les populations de la cam- pagne, faire le catéchisme à des enfants aussi grossiers qu'ignorants, visiter les malades, con- soler les affligés ; en un mot, travailler de toutes ses forces à la gloire du divin Maître et au salut des âmes, tel est, personne ne l'ignore, le but de cette modeste Congrégation, et telles sont, par suite les fonctions de la Sœur de Saint-Joseph que l'on voit souvent succomber à la fleur de l'âge, victime de sa charité et de son dévouement.

C'en était assez pour cette âme déjà avide de souffrances ; et, sans plus tarder, elle fit part de son généreux dessein à la Révérende Mère Stanis- las, Supérieure des Sœurs de Saint-Joseph au Cheylard. Celle-ci, voulant avant tout s'assurer des dispositions de la nouvelle postulante, lui re- présenta la faiblesse de sa santé, les pénibles tra- vaux des Sœurs, leur nourriture peu délicate, et surtout ce renoncement continuel qu'elles prati- quent en toutes choses, renoncement si difficile à quiconque est accoutumé à jouir de sa liberté.

Il fut ajouté que le voisinage de sa famille, qu'elle ne pourrait voir que fort rarement, nécessiterait pour elle de bien durs sacrifices.

Tout cela, répondit-elle, est loin de m'effrayer. J'espère, avec le secours de la grâce, surmonter toutes les difficultés ; depuis longtemps je partage, à l'insu de ma mère, le déjeuner des domestiques de la maison, et je m'en porte à merveille. Je cherche uniquement la petitesse et l'oubli ; c'est ici que je les trouverai. Je travaillerai et observerai la Règle. Quant à mes parents, je ne conserverai que les rapports que la Règle autorise. Du reste, ajouta-t-elle, je ne serai pas toujours dans la maison ; si j'ai le bonheur d'être admise, je serai probablement envoyée dans quelque paroisse pour instruire les enfants pauvres ; et, dans ce cas, toutes les relations cesseront d'elles-mêmes.

Un langage si chrétien n'avait pas été appris à l'école du monde, et la chair et le sang ne l'avaient point inspiré. Visiblement cette vocation venait du ciel. Aussi fut-elle admise avec bonheur dans la petite Communauté du Cheylard. Après une retraite préparatoire où elle montra une fidélité extraordinaire à son Règlement, elle entra définitivement au Noviciat comme postulante. Ce fut le 19 mars 1857, jour de la fête de saint Joseph.

Son premier soin fut de se dépouiller de tout ce qui pouvait la distinguer et de se conformer en tout point à la Règle, sans demander aucun privilége. Peu soucieuse du jugement que porterait le public sur sa détermination, elle n'hésita pas, dès le lendemain, à aller à la promenade avec ses nouvelles compagnes, se souvenant que la folie de la croix est mille fois préférable à toute la sagesse humaine, et que, pour être disciple de Jésus-Christ, il faut avoir le courage de mépriser les vains discours des hommes. Ayant remarqué quelques jours après que, par une exception en sa faveur, on faisait précéder son nom du qualificatif de Mademoiselle, elle s'en plaignit aussitôt à la Révérende Mère qui, entre autres raisons, lui dit de l'accepter comme une injure, à l'exemple de Jésus-Christ, à qui les Juifs donnèrent par dérision le titre de roi. Elle fut charmée de cette parole qui allait si bien à son humilité, et ne l'oublia jamais. On ne fut pas longtemps à s'apercevoir que la Maison possédait un trésor : ferveur dans la prière, application au travail, mortification des sens, obéissance aveugle, régularité parfaite; elle possédait, dès le commencement de son postulat, toutes les vertus qui font une excellente religieuse. Bien que son instruction fût plus étendue que celle des autres postulantes, elle voulut, pour se conformer à l'usage, revenir sur les premiers éléments et suivre, dans les divers exercices de lecture ou d'écriture, la méthode adoptée par les Sœurs pour l'enseignement.

Dans les incommodités qu'elle ressentit à la suite

du changement de vie et de nourriture, elle ne demanda jamais aucun adoucissement, voulant, disait-elle, être traitée en tout comme la dernière de la Communauté ! Et si quelquefois, dans l'intérêt de sa santé, on l'obligeait à s'écarter du régime de la Maison, il était facile de voir que la dérogation à la Règle commune lui causait plus de peine que le remède lui-même ne lui apportait de soulagement. Un jour son excellente mère, naturellement pleine d'attentions pour sa fille, s'avisa de lui envoyer un potage préparé selon son goût. La jeune postulante refusa avec fermeté, toujours par ce même principe de régularité et de mortification.

Mais c'était surtout dans le saint exercice de la direction que se révélaient sa candeur et son humilité. Craignant de n'être pas suffisamment connue, elle découvrait jusqu'aux derniers replis de son cœur, sans excepter même ce qu'elle appelait ses grands péchés. En vain lui fit-on observer que les fautes secrètes étant du ressort de la confession, il n'était pas nécessaire de les déclarer, elle voulut dévoiler toutes ses infidélités afin d'appeler sur elle tous les mépris. Laissons parler ici la Révérende Mère : « Il ne nous appartient pas, dit-elle, « de décider sur cette matière ; mais ce que nous « pouvons assurer, c'est que les aveux de Made- « moiselle Ferrand nous humilièrent profondé- « ment ; nous comprîmes que la Providence nous « avait envoyé un trésor que nous n'étions pas

« dignes de posséder. Dans l'impossibilité de diri-
« ger cette âme d'élite, nous la confiâmes à Marie,
« et toutes les fois que ce cœur si pur s'ouvrait à
« nous, nous avions soin d'invoquer notre Mère
« et de nous inspirer de son esprit. »

Ce n'est pas qu'elle n'éprouvât de violents combats à l'intérieur, pour étouffer les sentiments de
la nature, surtout dans ce qui touchait à l'amour
de ses parents. Sous ce rapport, elle eut les plus
grands sacrifices à faire, et nous ne craignons pas
de dire que la séparation de sa famille fut pour un
cœur aimant comme le sien un long et cruel martyre. Que de fois en passant devant la maison paternelle, elle se sentit émue jusqu'aux larmes, au
souvenir de son père, de sa tendre mère et de sa
sœur qu'elle aimait plus qu'elle-même. Dans ces
circonstances douloureuses, elle s'armait de courage pour lutter contre cette tendresse naturelle
qui, sans souiller l'âme, l'amollit, l'énerve et
arrête sa marche dans les voies de la vertu. « Celui,
dit Jésus-Christ, qui aime son père et sa mère plus
que moi, n'est pas digne de moi. » Mademoiselle
Ferrand s'appliqua cette parole, et dès son entrée
au Noviciat en fit la règle de sa conduite. Elle s'ab-
stint de toute visite au dehors; quand Madame
Ferrand voulait voir sa fille, elle faisait demander
le jour et l'heure. La durée de l'entretien était fixée
à vingt minutes. Ce temps écoulé, Pauline se levait
la première : Ma mère, disait-elle, en souriant,

Dieu m'appelle, adieu; ou bien : Séparons-nous quelques instants sur la terre, afin d'être réunies éternellement dans le ciel. Et la chère enfant n'avait rien de plus pressé que d'aller rendre compte de la conversation à la Supérieure, dans la crainte d'avoir commis quelque faute.

Précaution inutile, car la piété de la mère ne le cédait en rien à celle de la fille.

Telle était la vie de la pieuse postulante, quand elle fut appelée à prendre le pauvre et humble habit des Sœurs de Saint-Joseph. Depuis longtemps elle avait renoncé aux vaines parures pour orner son âme des vertus chrétiennes. Quand on désire plaire uniquement à Jésus-Christ, on n'a pas de peine à quitter les livrées du siècle. Elle prit en ce jour le nom de Sœur Marie-Gabriel. Ce fut Mgr Dabert, évêque de Périgueux, alors grand-vicaire du diocèse de Viviers, qui présida la cérémonie. Ses parents, qui y assistaient, unirent généreusement leur sacrifice à celui de leur chère fille. Après quelques larmes justement réclamées par la nature, ils se consolèrent dans la pensée que Pauline avait choisi la meilleure part, que la séparation, pour être douloureuse, n'était pas éternelle, et qu'ils se retrouveraient tous un jour dans le sein de Dieu.

Se voyant revêtue de l'habit des épouses de Jésus-Christ, Sœur Marie-Gabriel s'étudia à être au dedans ce qu'elle paraissait au dehors, c'est-à-dire, morte au monde et à elle-même. Persuadée

que les actions les plus communes, faites dans des
vues surnaturelles, sont d'un très-grand prix aux
yeux de Dieu, elle s'imposa pour règle invariable
de n'agir en toutes choses que par un motif de foi
et d'obéissance : ce seul point, dont on ne saurait
jamais exagérer l'importance, suffit à faire ressortir la solide vertu de cette chère Sœur ; car personne n'ignore que le renoncement à la volonté
propre est la base de la vie religieuse aussi bien
que de toute vraie piété. On peut même ajouter
que c'est la voie la plus sûre et la moins sujette
à l'illusion. Mais laissons-la parler elle-même : ses
paroles diront mieux que les nôtres les dispositions
de son cœur : « J'obéirai promptement dans tout ce
« qui me sera commandé, quelle que soit ma ré-
« pugnance, me souvenant que c'est Dieu qui
« m'intime ses ordres par l'organe de mes Supé-
« rieurs. Pourrais-je lui refuser quelque chose ?

« Afin de déraciner l'orgueil et l'amour-propre
« dont je suis remplie, je pratiquerai l'humilité,
« 1° en faisant connaître ce que je fais de mal ;
« 2° en me rappelant sans cesse qu'étant la der-
« nière de la Communauté, il est bien juste que je
« sois oubliée et méprisée.

« Au cas que je vienne à tomber dans quelque
« faute, je ne me laisserai jamais aller au décou-
« ragement, je m'humilierai devant Notre-Sei-
« gneur, et après lui avoir demandé pardon, je
« m'abandonnerai à sa sainte conduite avec une

« confiance toute filiale. Je ferai tous mes efforts
« pour bannir de mon âme le trouble qui l'agite-
« rait à pure perte.

« Contente, je bénirai le Seigneur ; triste, j'ac-
« cepterai la tristesse avec une douce résignation.

« Je verrai dans ma Supérieure l'image de Dieu
« même ; je lui ouvrirai le fond de mon cœur, lui
« disant le mal comme le bien. Sévère envers moi-
« même, je n'aurai que de la douceur et de la
« complaisance pour mes Sœurs. J'aurai les yeux
« ouverts sur mes propres défauts ; je ferai de mon
« cœur comme un tribunal où je m'accuserai tou-
« jours, et où je ne les condamnerai jamais.

« Je répandrai le culte du Sacré-Cœur de Jésus
« par tous les moyens qui seront en mon pouvoir.

« Enfin, mon Dieu, je ne veux vivre que pour
« vous ; mon unique désir est de vous aimer et de
« vous faire aimer de tous les cœurs.

« Amour pour amour !
« Vie pour vie !
« Cœur pour cœur !
« La Règle ! toute la Règle ! rien que la Règle !
« Dieu seul ! qu'est-ce que tout le reste ? »

Avec des sentiments si beaux et si purs, la fervente Novice ne pouvait qu'aller de vertu en vertu.

Quand une âme se donne ainsi à Dieu sans retour comme sans réserve, quand elle lui fait le
sacrifice de tout ce qu'elle a de plus cher, qu'elle
met tout son espoir dans sa bonté, elle avance à

R.F.

grands pas dans les voies intérieures, rien ne l'arrête ; les croix elles-mêmes, en couronnant sa patience, ne font que hâter sa course, car l'amour lui donne une force merveilleuse.

Qui pourrait dire tous les actes de renoncement, tous les sacrifices, toutes les pieuses industries de cette âme d'élite qui ne demandait qu'à s'immoler ?

Telle était son ardeur pour la pénitence que l'autorité des Supérieurs crut devoir y mettre un frein, en lui interdisant certaines pratiques de mortification qui eussent infailliblement ruiné sa santé. Elle voulait, disait-elle, expier ses péchés de sensualité commis dans le monde. Dans cette vue, elle prit la résolution de réprimer l'intempérance de la bouche. Un mets mal assaisonné, un fruit gâté, une boisson amère, un plat préparé contrairement à son goût, avaient toujours ses préférences : et tout cela se pratiquait si adroitement, qu'il était difficile de s'en apercevoir. Un jour la Révérende Mère distribuait des dragées aux Novices à l'occasion du premier jour de l'an. Sœur Marie-Gabriel, alors chargée, comme nous verrons bientôt, de la direction du Noviciat, fut gracieusement invitée à en prendre afin de s'associer à la joie de la petite fête. Elle refusa avec modestie. Et comme la Supérieure faisait des instances, elle se pencha à son oreille en lui disant tout bas : Il y a dix ans que je n'en ai mangé ; j'ai fait cette promesse à Dieu ; je ne voudrais pas la violer aujourd'hui.

Tout ce qui a pour but d'affliger le corps et de faciliter la victoire de l'esprit sur la chair, elle l'embrassait avec joie. C'est ainsi qu'au milieu des fortes chaleurs de l'été on la voyait quelquefois se livrer à des travaux manuels que son manque d'expérience et la faiblesse de sa complexion lui rendaient extrêmement pénibles. On le reconnaît sans peine, cette chère Sœur avait parfaitement saisi l'esprit de sa Règle. Aussi tous les yeux étaient-ils fixés sur elle ; les Sœurs anciennes la prenaient pour modèle ; en la voyant, on se sentait porté à la piété et à la ferveur : tel est l'ascendant de la vertu ; c'est un feu sacré dont on ne saurait approcher sans ressentir une douce et vivifiante chaleur.

Vint enfin le moment où cette chère Sœur dut se consacrer irrévocablement à Dieu par les vœux de religion. C'était l'unique objet de ses désirs.

Elle pouvait dire avec le Roi-Prophète : Comme le cerf altéré soupire ardemment vers la source limpide, ainsi mon âme a soif de vous, ô mon Dieu ! Ce jour ne fut point un jour de sacrifice, mais de joie et de bonheur ; les plus douces consolations inondèrent ce cœur si pur, si dégagé de la terre ; elle ressentit comme un avant-goût des délices éternelles. Heureuse mille fois d'avoir détourné ses regards de la vanité pour les fixer uniquement sur les vrais biens ! Pressée plus que jamais d'avancer dans la voie du renoncement où elle marchait déjà si bien, elle oublia, à l'exemple de l'Apôtre, les progrès qu'elle avait faits pour ne songer qu'à ceux qui lui restaient encore à faire, s'efforçant de remporter le prix de la félicité céleste à laquelle nous sommes tous appelés en Jésus-Christ.

Voici ce qu'elle écrivait quelques jours après sa profession :

« Une pensée unique ! un désir unique !

« Une affection unique ! une action unique !

« Dieu ! ! !

« Abandon entre les mains de Notre-Seigneur, « confiance sans bornes ; me rappeler souvent ces « paroles : Qu'ai-je pu faire pour toi, que je n'aie « pas fait ? agrandir mon cœur, le mesurer sur « celui de Jésus.

« Recherche de tout ce qu'il y a de plus caché, « de plus crucifiant pour l'amour-propre ; oubli et « mépris de moi-même.

« Je promets à mon divin Maître de faire, avec « le secours de sa grâce, ce que je croirai lui être « le plus agréable.

« Je m'appliquerai d'abord à accepter avec pa-« tience les humiliations, contrariétés, souffrances, « de quelque côté qu'elles viennent ; je m'exercerai « ensuite à les désirer et à les recevoir avec joie.

« Je m'établirai dans une complète indifférence « par rapport aux événements de la vie, me rap-« pelant que Dieu permet tout, dirige tout.

« J'espèrerai contre toute espérance. »

On a pu remarquer que, dans ses résolutions, Sœur Marie-Gabriel insiste particulièrement sur le mépris d'elle-même et l'esprit d'abnégation. C'était là, nous l'avons déjà dit, sa vertu de prédilection. De là cette parole qu'elle répétait souvent : Tout accorder à la grâce, rien à la nature. Il faut, disait-elle encore, qu'une Religieuse soit sur la croix : du moment qu'elle en descend, elle ne mérite plus le titre d'épouse de Jésus-Christ.

A une piété peu commune, la nouvelle Professe joignait, ainsi que nous l'avons remarqué, la justesse du jugement, la fermeté du caractère, la bonté du cœur, et, ce qui est indispensable aujourd'hui, une instruction suffisamment étendue. Ces qualités, bien que cachées sous le voile de la modestie, n'avaient pas échappé à l'œil attentif de la Supérieure. Cette dernière comprit tout d'abord quels importants services un pareil sujet pourrait rendre à la Communauté. Aussi n'hésita-t-elle pas à lui confier, malgré sa jeunesse, le soin de la direction des Novices.

Cette charge, l'une des plus importantes de la Congrégation, exige de celle qui en est revêtue un dévouement sans bornes, une patience à toute épreuve, un tact peu ordinaire, comme aussi une connaissance suffisante des choses spirituelles. On devine sans peine que Sœur Marie-Gabriel fut la seule à désapprouver le choix qu'on faisait d'elle. Mais ses observations, dictées uniquement par sa

profonde humilité, ne servirent à rien : il fallut
se soumettre et obéir.

Nous allons voir maintenant comment elle s'ac-
quitta de cet emploi, et avec quel zèle elle tra-
vailla à la sanctification des âmes confiées à sa sol-
licitude.

Elle s'attacha, avec un soin tout particulier, à
les former à la pratique de la sainte humilité sans
laquelle il ne faut pas faire grand fond sur nos mérites. La nécessité de cette vertu, ses avantages,
les moyens de l'acquérir, tel était le sujet le plus
fréquent de ses instructions.

« Si vous connaissiez, disait-elle un jour à une
« Novice, le prix du renoncement, la joie d'une
« âme se méprisant elle-même et souhaitant d'être
« méprisée des autres, vous entreriez résolûment
« dans cette heureuse voie pour n'en sortir jamais.

« Loin de vous ces susceptibilités, ces délica-
« tesses, ces désirs de préférence : laissez tout cela
« à celles qui le méritent mieux que vous. Appre-
« nez à vous connaître, et la sainte humilité com-
« mencera à germer dans votre cœur. »

Elle écrivait à une autre : « Ce que je demande
« pour vous, ma Sœur, c'est une humilité pro-
« fonde ; je ne puis que vous répéter ce que je vous
« ai dit bien des fois : L'humilité ne s'acquiert que
« par les humiliations, le mépris, les rebuts, etc.
« C'est de ce pain-là qu'elle se nourrit. Voilà pour-
« quoi les fautes mêmes servent beaucoup à nous

« rendre humbles. Au contraire, l'applaudisse-
« ment des créatures, les succès dans les emplois,
« l'affection qui nous est témoignée, tout cela est
« la ruine de cette vertu et ne fait que fortifier
« l'amour-propre.

« Il est des personnes qui sont très-humbles,
« pourvu qu'on ne leur dise rien de choquant, qui
« repoussent même les louanges qu'on leur adresse;
« mais qui s'étonnent étrangement de certains re-
« proches, de certaines observations qu'on juge à
« propos de leur faire; elles ne craignent pas d'ex-
« primer tout haut leur mécontentement; elles
« vont même jusqu'à crier à l'injustice.

« Ne soyons point de ce nombre, mais laissons-
« nous emmaillotter, comme Jésus dans la crè-
« che de Bethléem. »

Rien ne prouve mieux les bas sentiments que la
digne Maîtresse avait d'elle-même que son atten-
tion à faire ressortir le mérite d'autrui. A l'enten-
dre, les Sœurs lui étaient toutes supérieures sous
quelque rapport : l'une avait plus d'expérience,
l'autre, plus d'aptitude pour l'enseignement; celle-
ci, plus d'activité; celle-là, plus de prudence. Et
moi, qui n'ai rien, ajoutait-elle agréablement, je
prends partout où je trouve; je demande à qui
peut me donner.

Lorsque son devoir l'obligeait à donner quelque
avertissement aux Novices, c'était toujours en s'im-
putant à elle-même les manquements qui se com-

mettaient. Je donne mauvais exemple, disait-elle avec une admirable modestie, je prononce mal, je m'exprime encore plus mal, il n'est donc pas étonnant qu'on ne m'obéisse pas. Jamais elle ne voulut consentir à agréer les sentiments de reconnaissance qui lui étaient dus à tant de titres et que ses élèves eussent été si heureuses de lui témoigner. A toutes ces marques d'affection elle opposait invariablement cette réponse : Je ne mérite rien de tout cela ; je n'ai fait que mettre obstacle à votre perfection.

Quand, après avoir terminé le temps du Noviciat, les jeunes Sœurs prenaient rang parmi les Professes, elle les réunissait dans un appartement ; et là, à genoux, elle leur demandait publiquement pardon de son peu de dévouement et de ce qu'elle appelait sa mauvaise conduite. En présence de scènes d'une humilité si touchante, les cœurs étaient profondément émus, et des larmes d'attendrissement coulaient de tous les yeux. Combien de fois lui a-t-on entendu dire, au sujet de sa charge, dont la responsabilité l'effrayait : « Je m'acquitte « mal de mon emploi ; je suis incapable de diriger « ces jeunes personnes dans le chemin de la vertu, « n'y marchant pas moi-même. Pauvres Novices, « que vous êtes à plaindre. Demandez à Dieu, par « l'intermédiaire de saint Joseph, une Maîtresse « plus sainte et plus dévouée. »

Un jour qu'on s'entretenait en sa présence du

petit nombre de sujets qui entrent dans la Congrégation, et qu'on exprimait des regrets à cet égard ;
Dieu, répondit-elle aussitôt, veut nous tenir dans
l'humilité et nous montrer que, pour faire son
œuvre, il n'a besoin de personne. C'est avec rien
qu'il fait tout.

Invitée souvent à dire son avis touchant certaines
affaires embarrassantes, elle le donnait en toute
simplicité et dans des termes pleins de modestie :
Je puis me tromper, vous voyez mieux que moi
ce qu'il est à propos de faire. Que si l'on croyait
devoir suivre un sentiment contraire au sien, bien
loin d'en marquer de l'humeur ou de se livrer à la
critique, comme il arrive à certains esprits absolus
et entichés de leurs idées, elle approuvait la déci-
sion qui avait été prise, s'humiliant de son peu
d'intelligence ; prête d'ailleurs, le cas échéant, à
émettre de nouveau son opinion avec la même droi-
ture et la même abnégation. On sait cependant que
Sœur Marie-Gabriel avait un jugement très-sûr
et qu'elle était l'œil de la maison.

L'humilité et l'obéissance sont deux vertus insé-
parables ; lorsque l'une prend naissance dans un
cœur, l'autre ne tarde pas à venir l'y joindre : ce
sont deux fleurs qui poussent sur la même tige.
Notre chère Sœur, qui pratiquait si bien la première, n'apporta pas moins de soin à acquérir la
seconde. La volonté de Dieu, intimée par les Supérieurs, voilà sa seule règle. Quoi qu'on lui com-

mandât, elle l'exécutait aveuglément sans exa-
men, sans retour sur elle-même. « Jamais, dit la
« Révérende Mère Stanislas, depuis le jour de son
« entrée en religion on ne put remarquer dans sa
« conduite un seul acte contraire à cette vertu.
« Que de pas n'a-t-elle pas faits pour demander jus-
« qu'aux plus petites permissions ! Que d'affaires de
« détail elle eût pu décider par elle-même, et tou-
« chant lesquelles elle prenait notre avis unique-
« ment en vue du mérite de l'obéissance. Je suis
« pour vous, me disait cette Sœur, une grande
« charge, mais je ne saurais rien faire sans vous
« le soumettre auparavant. »

Dans tout événement, soit heureux, soit malheu-
reux, elle s'écriait : Vive la sainte volonté de Dieu !
oh ! la sainte volonté de Dieu en toutes choses ! ! !
répétait-elle. Elle savait aussi, à l'occasion, quitter
Dieu pour Dieu, et faire le sacrifice de ses exercices
de piété lorsque les circonstances ou le bien de ses
Sœurs le demandaient. On la vit un jour que le
Saint-Sacrement était exposé, passer trois heures
entières à rapiécer l'habit d'une Novice occupée
ailleurs, préférant cet humble office de charité à
l'insigne honneur d'adorer Jésus - Christ sur le
trône de son amour.

Voici ce qu'elle recommandait à ses Novices :
« Vous devez vous appliquer à obéir en toutes
« choses. Là se trouve tout le mérite de la vie reli-
« gieuse. Rarement nous trouverons l'occasion de

« faire des actions d'éclat ; celle de pratiquer l'hu-
« milité, le renoncement, l'obéissance se rencon-
« tre tous les jours ; il faut donc nous sanctifier
« par l'accomplissement de nos devoirs. De notre
« fidélité sur ce point dépend notre sainteté. »

A l'une d'entre elles qui, dans une lettre, lui
avouait ne se plier que difficilement aux prescrip-
tions de ses Supérieurs, elle fit cette réponse :

« Si vous ne renoncez à votre volonté, vous
« n'aurez d'une Religieuse que l'habit. Vous sou-
« venez-vous de cette parole qui vous fut adressée
« dans un moment bien solennel : Pour devenir
« une vraie fille de Saint-Joseph, il vous fau-
« dra mourir au monde, à vos parents et à vous-
« même. Vous répondîtes alors : C'est ce que je
« désire de tout mon cœur, afin que Jésus soit
« mon unique tout. Eh bien ! interrogez - vous ;
« Jésus est-il votre unique tout ? Vous suffit-il ?
« Si vous l'avez, que vous manque-t-il ? Si Jésus
« ne vous satisfait pas, qui pourra vous satisfaire ?
« Si vous n'avez pas Jésus, cherchez - le, mais
« cherchez-le où il se trouve : dans la prière, le
« sacrifice et l'abnégation. »

Quiconque a généreusement immolé sa volonté
à celle de Dieu, n'a pas de peine à se détacher des
biens de la terre. Car le cœur ne saurait tenir à ce
qui est périssable, du moment qu'il a embrassé ce
qui est éternel. Aussi bien Sœur Marie-Gabriel
avait-elle un attrait particulier pour la sainte pau-

vreté. Elle avait compris la grandeur de cette
maxime du divin Maître : Celui qui ne renonce pas
à tout ce qu'il possède, ne saurait être mon disciple. De là ce complet dépouillement, cette destruc-
tion totale de l'esprit de propriété, qui la portait
à préférer ce qu'il y a de plus grossier, de plus usé,
de plus incommode.

Un jour on vint l'avertir que sa mère l'attendait
au parloir avec d'autres membres de sa famille.
Elle portait une robe dont les nombreuses pièces
attestaient un long usage, et qui par suite n'était
guère propre à flatter la vanité. Nonobstant l'invi-
tation qui lui fut faite de se présenter d'une manière plus convenable, elle se rendit auprès de
Madame Ferrand ; et, lui montrant sa vieille robe,
lui demanda en souriant si elle n'entendait pas que
sa fille observât son vœu de pauvreté ? — Oh ! oui,
mon enfant, répondit la pieuse Dame avec attendrissement, observe-le bien. Sous les magnifiques
haillons de la sainte pauvreté, notre chère Sœur
était plus heureuse et plus fière que la jeune mon-
daine avec ses plus beaux atours.

Cet esprit de détachement, elle l'avait apporté
en entrant au Noviciat.

Elle n'était encore que Postulante lorsque Monsieur Just Saléon-Terras, son beau-frère, désireux
de lui offrir un témoignage de son estime, lui fit
cadeau d'un christ d'un très-beau travail. Le présent fut accepté, mais non pour le garder ; elle se

hâta de le remettre à la Révérende Mère pour la
Communanté, avec prière de taire le nom de la
donatrice. Elle n'agissait pas autrement toutes les
fois qu'elle recevait quelque libéralité de sa famille. Ce n'était qu'à titre d'aumône qu'elle con-
sentait à accepter, et encore fallait-il faire les plus
vives instances. On la voyait ramasser un bout de
fil, une petite pièce d'étoffe, jusqu'à une miette de
pain, afin de ne rien laisser perdre.

Pour écrire ses lettres, elle se servait toujours
de papier de qualité inférieure. C'est à des Novices
que je m'adresse, disait-elle ; il faut que je leur
donne l'exemple. Elle le donnait, en effet, et savait au besoin corriger leur délicatesse. Un jour,
l'une d'elles lui demanda la permission de céder
aux orphelines une paire de souliers, sous prétexte
qu'ils ne répondaient pas exactement à la mesure
de son pied. Le motif vrai était que la forme en
étant peu élégante, sa vanité n'y trouvait pas son
compte. Ce n'était donc qu'affaire d'amour-propre.
La Maîtresse le comprit sans peine ; et, pour inspirer à la jeune personne l'esprit d'humilité et de
renoncement, base de la pauvreté religieuse, elle
ne dédaigna pas de porter elle-même les souliers
en question.

« Etudiez ce mot de la sainte Règle, répétait-
« elle à ses élèves : Je demande le pauvre habit
« des Sœurs de Saint-Joseph. Nous ne devons
« donc pas désirer de riches vêtements, mais bien

« plutôt rechercher tout ce qu'il y a de plus simple
« et de plus grossier. Nos vœux nous obligent à
« être plus pauvres que les pauvres. Oh ! si nous
« comprenions bien toute l'étendue de nos saints
« engagements, combien nous nous estimerions
« heureuses de ressentir les rigueurs de la belle
« vertu de pauvreté ! Gardons - nous de nous
« plaindre, si jamais quelque chose vient à nous
« manquer. Quelle croyez - vous que serait une
« pauvreté qui voudrait avoir toujours tout à
« souhait ? »

Aux vertus religieuses qu'elle possédait à un
haut degré, elle joignait une tendresse toute ma-
ternelle pour ses Novices. Quelqu'une d'entre elles
était-elle souffrante, Sœur Marie-Gabriel l'entou-
rait aussitôt des soins les plus délicats et donnait
elle-même les ordres nécessaires pour son prompt
soulagement.

Dans les récréations, c'était une bonté, une
simplicité, un abandon qui lui gagnaient tous les
cœurs. Chacune de ses paroles invitait à la joie,
portait à la confiance.

Que dirons-nous de son amour pour Jésus-Christ
dans l'Eucharistie ? Prosternée immobile aux pieds
de Celui qu'elle avait pris pour son unique tout,
elle paraissait comme absorbée dans les plus saintes
pensées.

Quel pieux recueillement après la communion !
Quelle foi vive ! quelle charité ardente ! « Oh !

« que l'amour est fort ! s'écriait-elle, qu'il rend
« les sacrifices doux et faciles ! Il me semble qu'une
« âme embrasée du pur amour est capable de
« tout.... Celui que j'aime percera mon cœur, il
« y plantera sa croix qu'il arrosera de son sang,
« afin de lui faire porter des fruits.... Je suis le
« froment du Christ.... Je vous suivrai partout où
« vous irez. O mon Jésus, ô mon amour, ô le Dieu
« de mon cœur ! centre de toutes mes affections !
« Tout mon bonheur, tout mon bien, dans le
« temps comme dans l'éternité, n'est qu'en vous
« seul. Vous êtes le cep, je suis la branche qui n'a
« de vie que celle que vous lui communiquez par
« l'influence de votre grâce ! Unie inséparablement
« à vous, j'aurai part à votre fécondité ; et, toute
« stérile que je suis de moi-même, je porterai des
« fruits immortels. Malheur à moi, si je romps
« cette union : sèche, aride, inutile, je ne serais
« bonne que pour le feu. Quiconque vous aime
« sincèrement, ô mon Sauveur, doit vous chercher
« principalement sur la croix et sur l'autel ; là
« vous mourez, ici vous vivez ; c'est dans ces deux
« endroits que je veux vivre et mourir. O cœur
« sacré de mon Jésus, vous serez jusqu'à mon
« dernier soupir mon unique espérance. Je veux
« être une de vos victimes ; prenez-moi, maniez-
« moi à votre gré, malgré les cris de la nature. »
Une âme si généreuse méritait d'être éprouvée.
Le feu éprouve le fer, et l'affliction éprouve

l'homme juste, dit l'auteur de l'*Imitation de Jésus-Christ*. Telle est la loi qui fait les Saints ; Sœur Marie-Gabriel ne devait pas en être exempte. Ainsi que nous l'avons remarqué, elle avait été en proie à de grandes peines intérieures au sujet de sa vocation. Elles cessèrent dès son entrée au Noviciat, Notre-Seigneur ayant sans doute voulu récompenser sa servante de ses généreux sacrifices. Elle goûta dès lors tout ce qu'il y a de douceur dans le service du bon Maître, et cette joie si pure, cette paix si délicieuse, elle ne les eût pas échangées contre tout l'or du monde. Mais vint bientôt l'heure où le céleste Epoux présenta la croix à sa digne épouse, qui plus d'une fois s'était plainte de n'avoir rien à souffrir. Ce fut le jour de saint Joseph, 19 mars 1860, que le calice de l'amertume lui fut offert.

Elle était prosternée devant le divin Cœur qui a tant aimé les hommes et qui en est si peu aimé, s'offrant tout entière à son service et à sa gloire, lorsque les consolations qui lui avaient été jusque-là prodiguées, disparurent tout à coup pour faire place au dégoût le plus profond. Plus de lumière, plus d'attrait, plus de douceur dans la communion, plus de ferveur sensible dans ses exercices de piété ; par contre, répugnance presque insurmontable pour l'accomplissement de ses devoirs, ennui, trouble de la conscience, solitude de l'âme, déchirement du cœur : tels furent les tourments de notre chère Sœur, tourments de tous les jours, de tous les instants, qui se prolongèrent durant l'espace de neuf ans, c'est-à-dire jusqu'à sa mort. Ce qui ne contribuait pas peu à augmenter ses peines, c'était la crainte que cet état ne fût le juste châtiment de ses infidélités. On mit tout en œuvre pour la délivrer. On l'invitait sans cesse à la confiance, à l'abandon à Dieu et à l'oubli d'elle-même. Des Directeurs éclairés furent appelés à l'aider de leurs conseils et à diriger ses pas dans la voie de l'épreuve. Parfois elle ressentait les plus douces consolations; une vive lumière pénétrait au fond de son âme; mais ces moments de bonheur duraient peu et ils étaient suivis des plus épaisses ténèbres.

Sœur Marie-Gabriel supporta ce douloureux martyre avec une patience qui ne se démentit jamais. Et ce qui révèle une vertu peu commune, elle s'abstenait, dans certaines circonstances, d'entretenir la Révérende Mère de son état, par la seule crainte de se rechercher elle-même en souhaitant trop vivement les joies intérieures. Souffrir purement pour Jésus-Christ et avec Jésus-Christ, demeurer attaché à la croix sans consolation était l'unique désir de ce grand et noble cœur.

Heureux celui, dit l'Ecriture, qui supporte la tentation, parce que, après l'épreuve, il recevra la couronne de vie. Cette précieuse couronne que notre chère Sœur avait acquise par son humilité, sa mortification et sa patience, le juste Juge ne tarda pas à la lui décerner.

Depuis longtemps sa santé n'était rien moins que florissante, plus d'une fois ses forces avaient trahi son zèle. Vers la fin de 1868 elle éprouva une fatigue qui la contraignit à un repos absolu. Cet état fut même jugé assez sérieux pour qu'on crût devoir lui administrer les derniers sacrements. Grâce aux ferventes prières de la Communauté, non moins qu'aux soins assidus dont elle fut l'objet, la bonne Maîtresse put, après quelques mois, reprendre ses occupations ordinaires au Noviciat. Mais ce rétablissement ne devait pas être de longue durée. Le fruit était mûr ; le Père céleste se préparait à le cueillir.

Depuis lors, notre chère Sœur, comme si elle eût eu un secret pressentiment de sa fin prochaine, parlait souvent de la mort, de la nécessité de s'y bien préparer. « O ma Sœur, dit-elle un jour à une « Novice, si vous saviez quelle fut ma frayeur, il « y a à peine trois mois, alors que, privée du mou- « vement et de la parole, j'étais sur le seuil de « l'éternité, suspendue entre le ciel et l'enfer. Quel « terrible moment ! Mon Dieu ! me disais-je, où « serai-je tout à l'heure ? quel sera mon sort éter- « nel ? quel compte rigoureux de toutes mes ac- « tions ! oh ! qu'on voit bien alors le néant de la « vie, et que l'on s'estime heureux d'avoir envoyé « devant soi quelque bonne œuvre. Travaillons

« donc, concluait-elle, tandis qu'il est encore
« temps, à acquérir des richesses éternelles. »

Une nouvelle indisposition survenue au mois de
février de l'année suivante fit naître de nouvelles
alarmes. Sœur Marie-Gabriel, vaincue par la vio-
lence du mal, se mit au lit pour ne plus se relever.
Il n'y avait plus à se faire illusion. Bientôt on vit
apparaître les symptômes les plus graves ; c'était
la mort qui arrivait à grands pas. La Révérende
Mère, toute désolée, engageait sa chère fille à demander encore sa guérison. — Oui, ma Mère, pourvu que telle soit la volonté de Dieu. Ce fut l'une de
ses dernières paroles. Monsieur l'Aumônier, appelé
à la hâte, lui donna une dernière absolution ; et
au moment où il finissait de l'oindre de l'huile
sainte, la chère malade rendit sa belle âme à Dieu.
C'était le 19 février 1869 ; elle était âgée de trente-
quatre ans.

Impossible de décrire la consternation qui suivit
cette mort. La Communauté venait de perdre
son plus parfait modèle comme son plus précieux
trésor.

Le Noviciat surtout demeurait privé d'une Maîtresse, ou plutôt d'une Mère qui lui avait consacré
ses forces et sa vie. C'était un vide aussi profond
que douloureux. Il fallut pourtant se résigner à
cette dure épreuve, et adorer en pleurant les des-
seins impénétrables de la Providence, qui règle
toutes choses pour le bien de ses élus.

Le corps fut, selon l'usage, revêtu des habits religieux et transporté à la chapelle. Ce fut un touchant spectacle de voir et Sœurs et Novices se presser autour du triste cercueil, gémir et prier pour la défunte. Les élèves du Pensionnat, non moins attristées que leurs Maîtresses, demandèrent comme une grâce de rester auprès de cette sainte dépouille. Chacune s'empressait de lui faire toucher des objets de piété ; des lettres même furent écrites et glissées dans la bière. Une foule nombreuse, accourue du dehors, vint à son tour offrir son tribut de vénération à cette humble épouse de Jésus-Christ.

Afin de satisfaire à son pieux empressement, comme aussi pour éviter toute confusion, deux Religieuses furent chargées de faire toucher médailles, livres, chapelets, etc. On ne pouvait s'éloigner de ces restes sacrés ; on respirait tout autour un parfum de sainteté qui pénétrait et dilatait l'âme.

La cérémonie de l'inhumation eut lieu le lendemain ; elle se fit dans le recueillement, les larmes et la prière. Mais l'amertume des regrets ne laissait pas d'être adoucie par l'espérance de la foi. On contemplait dans la patrie du ciel celle qui venait de quitter l'exil de la terre ; on se représentait cette vie heureuse et immortelle qu'elle recevait en échange de celle d'ici-bas. « Les justes, dit le Saint-Esprit dans le livre de la *Sagesse*, vivront éternellement ; le Seigneur leur réserve leur ré-

compense, et le Très-Haut ne les oubliera point. »
Parole consolante! La mort pour les saints n'est
qu'un heureux passage à l'immortalité, c'est le
repos après le travail, le plaisir après la douleur,
la gloire après l'humiliation, le calme après la
tempête. Heureux donc ceux qui meurent dans le
Seigneur; heureuse Sœur Marie-Gabriel qui, en
mourant, a été mise en possession de tous les
biens!

Voici ce qu'écrivait, au lendemain de cette précieuse mort, à la Mère Stanislas, un Père de la
Compagnie de Jésus, non moins recommandable
par sa science que par sa piété : « C'était un fruit
« mûr que notre chère Sœur Marie-Gabriel... J'ai
« connu cette âme à fond; c'était une sainte d'au-
« tant plus agréable à Dieu, que cette sainteté se
« cachait le plus possible sous le manteau d'une
« profonde humilité; c'était une âme vertueuse,
« généreuse dans toute l'étendue de ces mots. Sa
« timidité provenait de l'extrême délicatesse de sa
« conscience, l'ombre d'une faute lui faisait peur.
« Elle a fourni en peu de temps une longue car-
« rière; sous ses jeunes années, elle cachait la
« sagesse des vieillards, parce qu'elle a préféré la
« science du salut aux joies du siècle, aux trésors
« périssables et à la figure du monde qui passe....
« Dieu l'avait donnée à la Communauté pour deux
« motifs : pour l'achèvement et le perfectionne-
« ment de sa sainteté à elle, et ensuite pour l'édi-

« fication de ses compagnes. Notre Sœur ayant
« enfin gravi le sommet de la sainte montagne,
« n'avait plus rien à faire dans la vallée des lar-
« mes. Elle est allée s'unir pour jamais au divin
« Epoux des Vierges. Ah! ne la pleurez pas! Elle
« est à jamais bienheureuse dans le sein de Dieu
« qui la fait régner avec lui; elle vous sera à
« toutes et à son Noviciat en particulier, comme
« un ange tutélaire qui vous mènera au vrai bon-
« heur.

    « J'offrirai le saint sacrifice demain pour le
« repos de cette chère âme, si toutefois elle en a
« besoin. Car je vous avoue que je suis plus tenté
« de la prier pour moi, que de prier pour elle. »

Et maintenant, ô digne Epouse de Jésus-Christ,
qu'il nous soit permis, en finissant, de vous féli-
citer de votre bonheur et de réclamer en même
temps le secours de vos prières. Vous jouissez, à
l'heure qu'il est, de la félicité des Saints. Votre
place est parmi ces Vierges bienheureuses qui ac-
compagnent l'Agneau de leurs cantiques sacrés. En
échange de vos habits grossiers, de vos sacrifices
sans cesse renouvelés, vous avez reçu un vêtement
de gloire, vous tenez à la main la palme du triom-
phe, et la couronne de la chasteté brille sur votre
tête. Oh! nous vous en conjurons, souvenez-vous
de cette humble Communauté qui vous compta
parmi ses membres; priez surtout pour ce cher
Noviciat que vous avez fécondé de vos travaux,

éclairé de vos lumières, édifié de vos vertus. Votre cœur, autrefois si tendre pour vos filles en Jésus-Christ, le sera-t-il moins maintenant qu'il puise à la source de la divine charité ? N'oubliez pas non plus votre famille depuis longtemps fidèle à garder les traditions de la foi, de la vertu et de l'honneur. Enfin puissions-nous nous-mêmes, en imitant vos bons exemples, en profitant de vos salutaires leçons, vivre de votre vie, mourir de votre mort et jouir de votre gloire ! *Moriatur anima mea morte justorum, et fiant mea novissima horum similia ;* que je meure de la mort des justes, et que mes derniers instants soient semblables aux leurs !

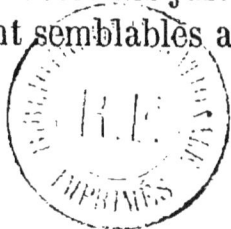

J. M. J.

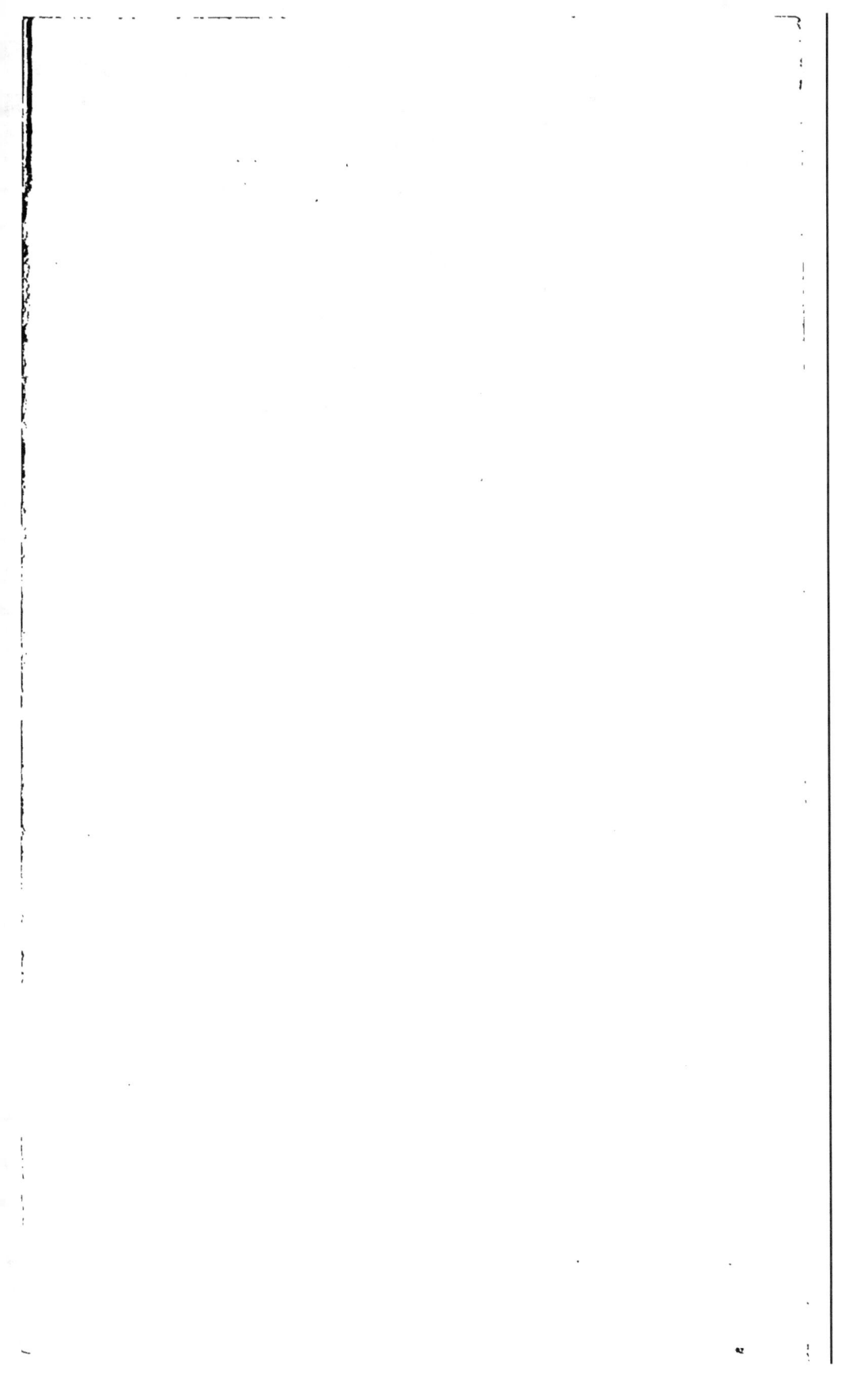

BIBLIOTHEQUE NATIONALE DE FRANCE

3 7502 01001257 5

www.ingramcontent.com/pod-product-compliance
Lightning Source LLC
La Vergne TN
LVHW022033080426
835513LV00009B/1015